4,00

LECCIONES PARA NUEVOS CREYENTES

Edición Juvenil

Carlos G. Sánchez
Anthony Echeverry

CASA BAUTISTA DE PUBLICACIONES

CASA BAUTISTA DE PUBLICACIONES

Apartado Postal 4255, El Paso, TX 79914 EE. UU. de A.

www.casabautista.org

Ediciones: 1996, 1997, 1998, 2001
Quinta edición: 2003

Clasificación Decimal Dewey: 248.83

Temas: Vida cristiana - Guías
Jóvenes – Vida cristiana

ISBN: 0-311-13856-X
C.B.P. Art. No. 13856

2.5 M 12 03

Impreso en EE. UU. de A.
Printed in U.S.A.

ORIENTACIONES PARA EL MAESTRO

‿◌‿

*E*stimado maestro, para lograr mejores resultados en el proceso de guiar a los nuevos creyentes jóvenes en el estudio de este material, le sugerimos considerar lo siguiente:

Antes de cada reunión estudie la lección correspondiente colocándose en el lugar del alumno. Llene los cuestionarios y anote aparte las preguntas que el alumno podría hacerle.

Recuerde lo importante que es utilizar la Biblia y, especialmente, memorizar los pasajes clave de cada lección. Para ello, siga el mismo sistema sugerido al alumno con las tarjetas de versículos.

UN POSIBLE PLAN DE CLASE

1. Al comienzo de cada sesión, haga una breve dinámica de grupo —juego, ejercicios, etc.— para crear un ambiente agradable en la reunión.

2. El primer día realice en clase la primera lección, de acuerdo con las recomendaciones que se dan al alumno. Pida que hagan la primera lectura en silencio, la segunda pueden hacerla asignando a diferentes alumnos los párrafos en que se divide la lección. Busquen el mensaje o idea principal y lean los pasajes de la Biblia.

3

Luego permita un momento para que cada uno haga la tercera lectura en silencio. Entre todos llenen el cuestionario y, al final, hagan una lista de las enseñanzas y el mensaje de la lección. La segunda lección los alumnos deben estudiarla en casa y traer por escrito las enseñanzas principales y algunas preguntas para aclarar.

En las siguientes sesiones, dedíquese a:

3. Resaltar las enseñanzas principales, responder las dudas que surjan y repasar el cuestionario.

4. Dedique también en cada sesión, unos momentos para comprobar y aprender los versículos que se deben memorizar en cada lección.

Estas son únicamente sugerencias. Usted puede realizar su propio plan, de acuerdo con las circunstancias y situación particular.

ANTES DE COMENZAR

*B*ienvenido al punto de partida del camino de tu nueva vida en Jesucristo. Por delante tienes 13 lecciones que te ofrecerán las bases principales de esa vida. Son como las primeras experiencias que enfrenta un bebé a las pocas horas de nacido, porque recibir a Cristo significa experimentar un nuevo nacimiento. Ahora enfrentas una nueva vida y debes iniciarte en ella de una manera similar a la que tuviste que enfrentar en tu nacimiento físico. Ya eres hijo de Dios, has entrado a formar parte de una familia, la que los cristianos llamamos LA FAMILIA DE DIOS. Por eso has escuchado que nos llamamos "hermanos" y es porque tenemos un Padre en común, Dios, y somos sus hijos.

Para aprovechar mejor el material al estudiar cada lección, toma en cuenta lo siguiente:

1. Dedica un momento a leer el contenido. Simplemente lee, procurando captar el mensaje total.

2. Léelo nuevamente, pero esta vez deténte para meditar el mensaje. También busca y lee las partes de la Biblia que allí aparecen.

3. Una tercera lectura te ayudará a retener los conceptos para responder la sección "AHORA A RECORDAR". Nota que en el contenido aparecen resaltadas, en un tipo más oscuro de letra, las palabras que debes usar para responder.

4. Siempre utiliza tu Biblia y memoriza los versículos correspondientes. En las páginas 60-62 aparecen las tarjetas con dichos versículos; recórtalas, llévalas contigo y marca el recuadro pequeño cuando ya lo hayas memorizado.

INDICE

¡CLARO QUE ERES SALVO!

*U*na de las preguntas que más suena en la mente durante las primeras horas como cristiano es: ¿Seré realmente salvo? ¿Qué me garantiza que todo lo que me han dicho y han motivado a hacer sirve para la salvación? Para estar seguro de que se es salvo sólo hay dos cosas que puedes hacer: Cumplir **las condiciones de la salvación** y poner **toda tu confianza en Dios**.

En **Hechos 20:20, 21** descubres que las condiciones de la salvación, son: el "**arrepentimiento** para con Dios, y ...la **fe** en nuestro Señor Jesucristo".

Arrepentirse para con Dios quiere decir que te has dado cuenta de que **eres pecador**, y que **has estado separado de él** por el pecado. Cuando te arrepientes para con Dios tomas la acción de **confesar** los pecados para pedirle **perdón** y para decirle que estás dispuesto a vivir de otra manera.

"¡Muy sencillo!", dirás. Sin embargo, cuando se habla o se piensa en dejar de vivir en pecado la cosa ya no es tan sencilla, porque pronto te darás cuenta de que si lo intentas por ti mismo no lo lograrás. Sólo hay una manera para lograrlo: dejar a **Jesucristo** que lo haga por ti. Así entramos a la segunda condición de la salvación: poner la fe en Jesucristo.

9

Cuando crees que Jesucristo **vivió, murió** y **resucitó** por ti, y cuando le has invitado a entrar en tu corazón para que guíe tu vida y sea en ella como el rey, como el presidente, como el gobernador en un país, entonces quiere decir que has puesto tu fe en él.

Poner la fe en él también quiere decir poner tu **confianza en Dios**, y no en lo que has sentido al momento de entregarte a Jesucristo. Los sentimientos cambian, por lo que tu salvación no depende de ellos, sino de **Dios**, confía en el poder de él para guardarla.

 Pablo en 2 **Timoteo 1:12** dice: "yo sé a quién he creído, y estoy seguro que es poderoso para guardar mi depósito para aquel día". El depósito de que habla es la **propia alma**, toda tu **vida**, y puedes estar seguro de que ese depósito estará guardado hasta el fin, esto es, para siempre.

 Las palabras de Jesucristo en Juan 10:**27-30**, cuando dice: "Mis ovejas oyen mi voz, y yo las conozco, y me siguen, y yo les doy vida eterna; y no perecerán jamás, ni nadie las arrebatará de mi mano. Mi Padre que me las dio, es mayor que todos, y nadie las puede arrebatar de la mano de mi Padre", te ilustran también que no hay más seguridad que ésta. Pero para "rematar", para que estés "supersegurísimo", puedes leer también en el libro de **Judas** el versículo 24, para darte cuenta de que Dios es **poderoso** para **guardarte** sin **caída**.

Debes confiar en Dios porque es poderoso, pero también en su **fidelidad** para **cumplir**. El cumple lo que ha prometido. Por eso en Hebreos 10:23 su autor nos invita a que: "Mantengamos firme, sin fluctuar, la profesión de nuestra esperanza, porque fiel es el que prometió."

¿QUE TE PROMETE DIOS?

 Que ya tienes **vida eterna** por la fe, como lo puedes leer en Juan 3:16.

 Que **estará todos los días contigo**, de acuerdo con Mateo **28:20**: "he aquí yo estoy con vosotros todos los días, hasta el fin del mundo".

 Que te dará la **vida eterna**. Esa es una promesa para aprender de memoria, la encuentras en Juan **5:24**: "De cierto, de cierto os digo: El que oye mi palabra, y cree al que me envió, tiene vida eterna; y no vendrá a condenación, mas ha pasado de muerte a vida."

Definitivamente, Cristo no es mentiroso, por lo que debes creer con toda seguridad que él entró a tu vida para estar todos los días contigo y, porque le creíste, has pasado de muerte a vida y no podrás ser condenado.

¿Eres salvo? ¡Claro que eres salvo! Ahora sigue adelante poniendo toda tu confianza en Dios, es lo único que te puede sostener.

VERSICULOS PARA MEMORIZAR: Juan 5:24; Juan 3:16

1. Las cosas que puedes hacer para estar seguro de que eres salvo son: Cumplir _____ _____ ____ ____ _____ y poner _____ ____ _____ ____ _____.

2. En H_____ descubres que las condiciones de la salvación son: 1) _____ 2)_____.

3. Arrepentirte para con Dios quiere decir que te has dado cuenta de que _____ _____ y que _____ _____ _____ _____ _____ por el pecado.

4. El arrepentimiento incluye la acción de _____ los pecados, y pedirle _____ a Dios.

5. Sólo hay una manera de dejar de vivir en pecado, dejar a _____ que lo haga por ti.

6. Si has puesto tu fe en Jesucristo has creído que _____, _____, y _____ por ti.

7. Debes poner tu _____ _____ _____, porque la salvación no depende de tus sentimientos sino de _____.

8. De acuerdo con Pablo en 2_____, el depósito que Dios es poderoso para guardar hasta el fin es la _____ _____, es decir, toda la _____.

9. Jesucristo habla de la seguridad de la salvación en Juan 10:_____.

10. El versículo 24 del libro de _____ te recalca el hecho de que Dios es _____ para _____ sin _____.

11. Dios lo que promete lo cumple, por eso debes confiar en su _____ para _____.

12. Tres cosas que te promete Dios son: 1) Que ya tienes la _____ _____ 2) Que _____ _____ _____ _____ _____ de acuerdo con Mateo _____ 3) Que te dará la _____ _____, según Juan _____.

AHORA VIVE EN TI

Por lo que has estudiado en la lección anterior, creo que ya tienes muy claro en tu mente y corazón que de verdad ya eres salvo y que tu confianza en Dios crecerá día a día. Las grandes verdades de la Biblia nos enriquecen y una de ellas, que trataremos en esta lección, dice que ya **Cristo vive** en ti.

La base principal para afirmar que Cristo vive en ti ahora mismo, está en sus propias palabras de **Juan 3:16**, él dijo: "Porque de tal manera amó Dios al mundo, que ha dado a su Hijo unigénito, para que todo aquel que en él cree, no se pierda, mas tenga vida eterna." Ante esto sólo hay dos alternativas: o Dios te dio la **vida eterna**, como prometió, o es un **mentiroso**. Lógicamente la primera alternativa es la correcta, porque Cristo **no miente**. También Pablo, en 2 Corintios **13:5** nos aclara esta gran verdad haciendo la siguiente pregunta: "¿O no os conocéis a vosotros mismos, que Jesucristo está en vosotros, a menos que estéis reprobados?" La Versión Popular de la Biblia aclara más el sentido de la pregunta, donde leemos: "¿No se dan cuenta de que Jesucristo está en ustedes, a menos que sean falsos creyentes?" El Señor **Jesús vive** dentro de cada verdadero **creyente**.

El hecho de que Cristo vive dentro de ti ahora, tiene un gran valor. Primero, porque te asegura que tienes **vida eterna**. Romanos 8:10 dice: "Pero si Cristo está en vosotros, el cuerpo en verdad está muerto a causa del pecado, mas el espíritu vive a causa de la justicia." Aquí se reconoce la muerte física como una de las consecuencias del **pecado**, pero también que cuando Cristo está en tu vida tu **espíritu vivirá** eternamente con Dios. Esa misma idea se presenta en Colosenses 1:27: "Cristo en vosotros, la esperanza de gloria". Como Cristo vive en ti, puedes estar seguro de que **estarás** con Dios, donde **él vive**.

Segundo, también es de valor, porque te capacita para **vivir** una vida **verdaderamente** cristiana, sin importar las circunstancias que te rodean.

Las palabras clave para apoyar esto las encuentras en Gálatas 2:20, otro versículo para memorizar. Dice: "Con Cristo estoy juntamente crucificado, y ya no vivo yo, mas vive Cristo en mí; y lo que ahora vivo en la carne, lo vivo en la fe del Hijo de Dios, el cual me amó y se entregó a sí mismo por mí." ¿Qué te enseñan estas palabras de Pablo? Primero, que la **muerte** de **Cristo** fue **la muerte** tuya, tú has creído que él murió en tu lugar y por eso ahora eres libre de condenación. Segundo, que la **vida de Cristo** es ahora tu vida. Ya no vives tú, sino que Cristo vive en ti, por eso él puede transformar tu **carácter** y tu **conducta**. Tercero, que todo esto lo experimentas no porque Cristo te fuerce o porque anule tu voluntad, sino que tú lo has **aceptado**, por la **fe** en él. Has decidido vivir cada día en la fe del Hijo de Dios.

En estas palabras de Pablo fe significa **dependencia** y **sumisión**, depender únicamente de Cristo y obedecer su voluntad. Así es como se debe manifestar la vida de Cristo en tu vida. Si le obedeces, si le eres sumiso, eso te garantizará el vivir cada día como verdadero cristiano, y esa es una de las metas más importantes de tu nueva vida, que te debes fijar desde este momento.

VERSICULO PARA MEMORIZAR: Gálatas 2:20

1. Una de las verdades que enriquece tu vida espiritual y que es la base de esta lección dice que ya _____ _____ en ti.

2. La base bíblica para afirmar que Cristo vive ahora en tu vida está en _____.

3. Ante Juan 3:16 sólo hay dos alternativas: o Dios te dio la _____ _____ como prometió, o es un _____.

4. La segunda alternativa no es correcta porque Cristo ____ _____.

5. En 2 Corintios _____, Pablo te aclara que _____ _____ dentro de cada _____.

6. El hecho de que Cristo vive en ti, te asegura que tienes _____ _____.

7. La muerte física es una consecuencia del _____, pero si Cristo está en tu vida, tu _____ _____ eternamente.

8. Como Cristo vive en ti, puedes estar seguro de que _____ con Dios, donde ____ _____.

9. Jesucristo viviendo en tu vida te capacita para _____ una vida _____ cristiana.

10. Gálatas 2:20 te enseña: 1) Que la _____ de _____ fue la _____ tuya.
2) Que la _____ ____ _____ es ahora tu vida.

11. Porque Cristo vive en ti, puede transformar tu _____ y tu _____.

12. Jesucristo no te fuerza, sino que tú lo has _____ por la _____ en él.

13. En Gálatas 2:20 la palabra fe significa _____ y _____.

SE PUEDE VENCER

*Y*a te has dado cuenta de que vivir como verdadero cristiano es sencillo, si diariamente permites que Jesucristo lo haga por ti. Recuerda lo que dice Gálatas 2:20. Pero, seguramente ya has tenido dificultades para practicarlo, y la razón es porque tienes un enemigo que te quiere poner todas las trampas que pueda. Ese enemigo es **el diablo** y su principal arma para hacerte pecar es la tentación.

La lucha es dura, pero se puede vencer y en la Palabra de Dios encuentras la manera de hacerlo eficazmente. En 1 de Pedro 5:8 se destaca esa realidad: "Sed sobrios, y velad; porque vuestro adversario el diablo, como león rugiente, anda alrededor buscando a quien devorar." ¿Qué es lo que hace que el diablo esté tan enojado contigo y trate de hacerte pecar? La razón es que **te ha perdido**, ya no le perteneces. Antes de decidirte a seguir a Jesús tú eras su esclavo, así lo dice 2 Timoteo 2:26, pero Cristo te ha dado la libertad, te trasladó de la potestad de las tinieblas al reino de Dios, como lo dice Colosenses 1:13. El diablo perdió los derechos sobre tu vida, ahora le pertenecen a **Jesucristo**.

¿Sabes qué es lo que más **enoja** al diablo?, el hecho de que Dios te use como **testigo** de su poder libertador. Cuando dejas que Cristo viva en ti diariamente te conviertes en un instrumento efectivo para ese testimonio, así otros también podrán decidir entregar sus vidas a él. De allí entonces los ataques del diablo para hacerte pecar, porque sabe que cualquier pecado rompe tu **íntima comunión** con Dios (Isaías 59:2; Salmo 66:18), que separado de él ya no llevas fruto, como enseña Juan 15:5 y tu testimonio se debilita.

Es importante, entonces, que conozcas tres cosas que te animarán en esa lucha: Primera, que no es pecado ser tentado. Hebreos 4:15 enseña que Cristo fue tentado pero no cometió pecado, esto quiere decir que **si no cedes a la tentación, no pecas.**

Segunda, **Dios** puede hacer que la tentación de tu enemigo se convierta en un medio de bendición. En Santiago 1:12 puedes leer: "Bienaventurado el varón que soporta la tentación; porque cuando haya resistido la prueba, recibirá la corona de vida..." Al vencer, quedas fortalecido para **luchar mejor contra tentaciones futuras**. Tercera, Dios ofrece ayudarte a vencer, lo dice en 1 Corintios 10:12-14. "Así que, el que piensa estar firme, mire que no caiga. No os ha sobrevenido ninguna tentación que no sea humana; pero fiel es Dios, que no os dejará ser tentados más de lo que podéis resistir, sino que dará también juntamente con la tentación, la salida, para que podáis soportar. Por tanto, amados míos, huid de la idolatría." Este pasaje es muy interesante porque tiene dos mandamientos y dos promesas. Si le eres fiel y sigues esos mandamientos, él cumplirá las promesas. El primer mandamiento, en el versículo 12, dice que no confíes en **tus propias fuerzas**; debes depender totalmente del **Señor**. El segundo mandamiento está en el versículo 14: "huid de la idolatría". Aquí **ídolo** se refiere a cualquier cosa que te aparte de una lealtad suprema a Dios, hay que **huir** de todo lo que te provoque la tentación.

Las promesas están en las otras palabras del pasaje. La primera: él no permitirá que el diablo te ponga una **tentación** que no **puedas vencer**. Y la segunda: Te dará la **salida** de la **tentación** para que no caigas en la **trampa**. ¿Se puede vencer? Desde luego, en Cristo está la victoria porque él ya venció todas las tentaciones del enemigo. Hebreos 2:18 dice: "Pues en cuanto él mismo padeció siendo tentado, es poderoso para socorrer a los que son tentados." No lo olvides, EL ES PODEROSO, y allí radica toda tu capacidad vencedora.

VERSICULOS PARA MEMORIZAR: 1 Corintos 10:12-14

AHORA A RECORDAR

1. El enemigo que te pone trampas para evitar que vivas como verdadero cristiano es ____ _____.

2. El diablo está muy enojado contigo porque ___ ___ _____, ya no le perteneces.

3. ¿Quién tiene ahora los derechos sobre tu vida? _____.

4. Que Dios te use como _____ de su poder libertador, es lo que más le _____ al diablo.

5. Cualquier pecado rompe tu _____ _____ con Dios.

19

6. ¿Por qué ser tentado no es pecado? Porque ____ ____ _____ ____ ____ _____, ____ _____.

7. ¿Quién puede hacer que la tentación de tu enemigo se convierta en bendición? _____.

8. Cuando resistes la tentación, según Santiago 1:12, quedas fortalecido para _____ _____ _____ _____ _____.

9. El primer mandato de 1 Corintios 10:12-14 dice que no debes confiar en ____ _____ _____, debes depender totalmente del _____.

10. Cualquier cosa que te aparte de tu lealtad suprema a Dios es un _____, y debes _____ de él.

11. Dios no permitirá que el diablo te ponga una _____ que no puedes _____.

12. Dios promete que te dará la _____ de la _____ para no caer en la _____.

13. En tus propias palabras explica por qué puedes vencer las tentaciones del diablo:

_____

_____

_____

_____

¡UY, PEQUÉ!

o hay nada más desalentador para un cristiano que el tener que reconocer que cedió a la tentación, que cometió pecado. ¿Pecan los cristianos? Sería una mentira decir que no, porque la victoria de la que hablamos en la lección anterior no se

realiza de forma automática, tu **naturaleza pecaminosa** no te ayuda. Santiago 1:14 dice que de nuestros propios malos deseos, somos atraídos y seducidos. En todo cristiano todavía está **la naturaleza pecaminosa** que te motiva, te inclina a cometer pecado. Por eso no debes confiar en tu propia capacidad para resistir la tentación.

Entonces, ¿qué pasa cuando un creyente peca? ¿Qué debe hacer cuando peca?

El diablo se las sabe todas y lo primero que hará es acusarte **de no ser salvo**. Te hará tener tanta vergüenza como para que decidas ya no asistir a la iglesia, o para no tener más compañerismo con otros cristianos. Pero tú sabes que el diablo es **el padre de la mentira**, según Juan 8:44, por lo que no debes creerle. No hay que creerle al diablo, pero sí hay que entender que el pecado siempre trae **consecuencias serias**. No hay pecado pequeñito o insignificante que no afecte tu **comunión con Dios**. Cualquier pecado te hará perder el gozo de la salvación, mas no la **salvación**. Te hará ser un hijo desobediente, pero no dejarás de ser **hijo de Dios**. Por lo tanto, debes arreglar cuentas con tu Padre a quien has ofendido con el pecado.

¿Cómo arreglar las cuentas? La clave está en 1 de Juan 1:9, léelo y apréndelo de memoria: "**Si confesamos nuestros pecados, él (Dios) es fiel y justo para perdonar nuestros pecados, y limpiarnos de toda maldad.**" Te puedes dar cuenta de que hay dos cosas que se deben hacer cuando pecas: 1. **Confesar** tus **pecados** a Dios, y 2. **Confiar** en su **promesa** de **perdonar** y limpiar. Ahora bien, la confesión del pecado debe hacerse directamente a Dios **porque contra él es que se ha pecado**. No encontrarás en la Biblia ninguna indicación de confesar los pecados ante un sacerdote o cualquier otro ser humano.

El ejemplo del rey David es una buena base para esa afirmación. En el Salmo 51:4 dijo: "Contra ti, contra ti solo he pecado, y he hecho lo malo delante de tus ojos." Y en el Salmo 32:5 "Mi pecado te declararé...no encubrí mi iniquidad. Dije: Confesaré mis transgresiones a Jehová." Sólo cuando has ofendido a otra persona con tu pecado, debes confesarle también a ella y pedir perdón (Mateo 5:23, 24; Santiago 5:16).

Confiesa entonces tus pecados a Dios directamente y de una manera **inmediata**, lo más **pronto** posible, porque así no permitirás que la separación que hace el pecado, entre tú y Dios, continúe indefinidamente (Isaías 59:2). Es necesario recuperar pronto el gozo y restaurar la vida de comunión con Dios.

Además de confesar el pecado y pedir perdón, debes confiar plenamente en su promesa de darte perdón y limpieza. No es porque lo sientas o no, sino porque su Palabra lo dice. En ella está la seguridad de tu perdón, porque recuerda lo que aprendiste en la primera lección, que tus pensamientos cambian a cada momento, no son de fiar; pero la **Palabra de Dios** no cambia.

 Es bueno saber que hay solución cuando el creyente peca ¿verdad? Sin embargo, eso no te da motivo para que te conformes a una vida de constantes caídas y perdón de parte de Dios. Tu meta debe ser la que nos recuerda Proverbios 4:18: "La senda de los justos es como la luz de la aurora, que va en aumento hasta que el día es perfecto."

VERSICULO PARA MEMORIZAR: 1 Juan 1:9

? AHORA A RECORDAR ?

1. El cristiano todavía puede pecar, porque su _____ _____ no le ayuda.

2. ¿Por qué no debes confiar en tu propia capacidad para resistir la tentación? Porque en todo cristiano todavía está la _____ _____.

3. ¿De qué te va a acusar el diablo cuando cometes pecado? ____ ____ ____ _____.

4. ¿Por qué no hay que creerle al diablo según Juan 8:44? Porque él es ____ _____ ____ _____ _____.

5. Algo que hay que entender sobre el pecado es que siempre trae _____ _____.

6. Todo pecado afecta tu _____ _____ _____.

7. Por el pecado pierdes el gozo, mas no la _____; llegas a ser hijo desobediente, pero no dejas de ser _____ ___ _____.

8. Escribe el versículo que es la clave para poder arreglar las cuentas con Dios cuando pecas: _____

_____

_____

_____

9. Hay dos cosas que se deben hacer cuando pecas: 1) _____ tus_____ a Dios.
2) _____ en su _____ de _____.

10. ¿Por qué hay que confesar los pecados a Dios y no a un sacerdote u otra persona?

_____ _____ _____ ____ _____ ____ ____ _____.

11. La confesión del pecado a Dios debe hacerse de una manera _____ lo más _____ posible.

12. La seguridad de tu perdón está en la _____ _____ _____.

13. ¿Pecaste hoy? Ahora es un buen momento para confesarlo y confiar en el perdón de Dios.

PROTEÍNA ESPIRITUAL

El crecimiento en la vida espiritual, así como el crecimiento físico, requiere de una alimentación adecuada. En la Biblia tú puedes encontrar pasajes que se refieren a ella misma como **pan**, como leche y como alimento sólido. En Mateo 4:4, por ejemplo, Jesús dice: "No sólo de pan vivirá el hombre, sino de toda palabra que sale de la boca de Dios." Y en 1 Pedro 2:2: "desead, como niños recién nacidos, la **leche espiritual** no adulterada, para que por ella crezcáis para salvación".

Todos sabemos que la leche es el alimento perfecto para un recién nacido; pero también que a medida que va creciendo necesita alimento más sólido. No puede seguir todo el tiempo con la leche porque seguramente se estancará su crecimiento. Lo mismo ocurre en la vida espiritual, los primeros conocimientos, los primeros pasos son la leche, pero cada día hay que alimentarse con verdadera "**proteína espiritual**". Pablo en 1 Corintios 3:1-3, resalta el ejemplo de unos cristianos que continuaron alimentándose sólo con leche; se estancaron, y no podían **digerir algo más sólido**. Dios no quiere que eso te suceda, por eso necesitas crecer cada día alimentándote de su Palabra. Esto implica tres cosas: **leerla, aprenderla** y **meditarla**, todo con el fin de obedecer.

Cada una de estas cosas se debe hacer de una manera efectiva. Primera, leerla. No se trata de leer sólo por cumplir o porque te lo piden, hay que leer con cuidado en busca de un **mensaje personal de Dios** para ti. Es bueno tener un plan que incluya inicialmente la **oración** para agradecer a Dios su Palabra y pedirle su guía. Tener a la mano **papel** y **lápiz**, y luego de leer un párrafo, tratar de responder algunas **preguntas** como: **¿Encuentro algún ejemplo para seguir? ¿Señala el pasaje algún pecado que debo confesar? ¿Hay algún error que debo evitar? ¿Qué mandamiento debo cumplir? ¿Qué promesa debo hacer mía por la fe? ¿Hay alguna oración que debo hacer?**

Segunda, aprenderla. El Salmo 119:11 nos ayuda a entender lo que quiere decir esto: "En mi corazón he guardado tus dichos, para no pecar contra ti." Corazón significa **el lugar de la inteligencia, de los sentimientos y la voluntad**. Por lo tanto lo que se nos dice es que debemos aprenderla de memoria. El ejemplo de Jesucristo ante las tentaciones de Satanás, cuando le responde con pasajes aprendidos de Deuteronomio, resalta lo importante que es para el cristiano **memorizar la Palabra de Dios**. Decide aprender cada semana, por lo menos un nuevo texto bíblico, de la siguiente manera:

1. Divídelo en sus partes naturales, por la puntuación, y trabájalo por partes. 2. Lee la primera parte varias veces, tratando de repetirla de memoria cada vez. 3. Pasa a la otra parte para hacer lo mismo. 4. Luego repite las dos partes juntas antes de pasar a lo que reste del pasaje. Tu meta debe ser poder **repetir** todo el **pasaje** con su respectiva **referencia o cita**.

Tercera, meditarla. Sin la meditación, lo anterior queda a medias, porque con ella realizas lo que se ha llamado la "digestión espiritual" que se podría definir como "el proceso mediante el cual el significado de nuestras lecturas (o de nuestra observación) es asimilado y convertido en fibra moral y espiritual". Un pasaje que destaca la importancia de la meditación está en Josué 1:8: "Nunca se apartará de tu boca este libro de la ley, sino que de día y de noche meditarás en él, para que guardes y hagas conforme a todo lo que en él está escrito; porque entonces harás prosperar tu camino, y todo te saldrá bien." Recuerda que al principio de esta lección dijimos que el propósito primordial de leerla, aprenderla y meditarla era **obedecer**, pues lo puedes ver perfectamente en esas palabras de Josué. Si practicas diariamente la **lectura**, el **aprendizaje**, la **meditación** y eres **obediente**, entonces con seguridad crecerás en tu vida cristiana.

VERSICULO PARA MEMORIZAR: Josué 1:8

1. En la Biblia se habla de la Palabra de Dios como _____ y en 1 de Pedro 2:2 dice que es como _____ _____.

2. Para que un cristiano no se estanque en su crecimiento, cada día debe alimentarse con verdadera _____ _____.

3. Un cristiano no puede seguir tomando "leche" toda la vida, porque nunca podrá _____ _____ _____ _____.

4. Para un cristiano, crecer cada día implica tres cosas en relación con la Palabra de Dios:
1)_____ 2)_____ 3)_____.

5. La lectura de la Biblia debe hacerse con cuidado, en busca de un _____ _____ ____ _____ para tu vida.

6. Un plan de lectura bíblica debe incluir _____, tener a la mano _____ y _____, y responder algunas _____.

7. Trata de recordar, no necesariamente en orden, las preguntas que puedes hacerte en tu lectura de la Biblia: 1)_____
_____ 2)_____
3)_____ 4)_____
_____ 5)_____
6)_____.

8. En el Salmo 119:11, la palabra corazón significa ____
_____ ____ ____ _____, ___ _____ _____
___ ____ _____.

9. El ejemplo de Jesús ante las tentaciones, te ayuda a entender la importancia de _____ ____ _____ ____ _____.

10. Una meta a seguir en tu estudio es: Debo _____ todo el _____ con su respectiva _____ ___ _____.

11. Escribe en tus palabras la definición de "digestión espiri- tual":_____
_____

12. Josué 1:8 te recuerda que el propósito primordial de leer, apren- der y meditar la Biblia es _____.

13. Con toda seguridad crecerás en la vida cristiana, cuando prac- tiques diariamente la _____, el _____, la _____, y seas _____.

HABLA CON DIOS

*L*a oración, es la única manera que el cristiano tiene para comunicarse directamente con Dios. Así como dijimos que el bebé espiritual se debe alimentar con la Palabra de Dios para crecer, podemos decir también que la vida cristiana no se puede **vivir** sin **orar**.

Tenemos un ejemplo muy alto sobre la oración en la persona de Jesucristo. Los Evangelios mencionan **veintidós** ocasiones distintas en que él oró. Una cifra bastante significativa, si nos damos cuenta de que los Evangelios no relatan todo lo que Cristo hizo en su vida aquí en la tierra. El ejemplo de Cristo nos permite una reflexión: si él, quien era el Hijo de Dios, no pudo **vivir** en este mundo sin **orar**, mucho menos podremos hacerlo nosotros.

La Biblia es tu guía sobre la oración, porque te exhorta a que ores, te enseña a orar correctamente, te promete grandes bendiciones al orar, y te ofrece ejemplos que inspiran a orar. También en ella encuentras tres elementos que deben formar parte de tu vida de oración: **La adoración, la confesión** y **la petición**.

Dios quiere y busca personas que le adoren, como dice Juan 4:23, "en **espíritu** y en **verdad**". Al iniciar cada día tu tiempo de oración puedes hacerlo con alabanzas y acciones de gracias. Alabar a Dios es uno de los privilegios más grandes que tenemos los cristianos. A Dios le agrada tu alabanza porque con ella lo **honras** (Salmo 50:23) y además, aumentas tu **propia fe** (Salmo 9:10). Cuando practicas la alabanza y manifiestas tu agradecimiento a Dios por sus grandezas, tus problemas se hacen más insignificantes y es más fácil dejarlos en sus manos.

En la Biblia, el dar gracias a Dios es como un **mandamiento**, como lo puedes leer en 1 Tesalonicenses 5:18 y Efesios 5:20. Hay que dar gracias a Dios "en todo" y "**siempre** y por **todo**". Eso debe ser una práctica diaria, a cualquier hora y en cualquier lugar.

El otro elemento que forma parte de tu vida de oración es la confesión. Ya sabes que cualquier pecado afecta tu relación con Dios, crea una barrera que impide recibir sus bendiciones. Por ello, luego de adorar a Dios y darle gracias, tu oración debe tener un momento para **examinar tu vida**. El Salmo 139:23, 24 es una buena guía para esto; dice: "Examíname, oh Dios, y conoce mi corazón; pruébame y conoce mis pensamientos; y ve si hay en mí camino de perversidad, y guíame en el camino eterno." Si encuentras que has pecado, inmediatamente ponte a cuentas con Dios, acepta su perdón ofrecido en 1 Juan 1:9, y si has ofendido a alguien, pídele también perdón. O si alguien te ha ofendido, perdónalo, porque tu comunión con Dios también se afecta cuando no estás en paz con tu prójimo.

El tercer elemento de tu oración es la petición. Tal vez esto es lo que más nos gusta a los cristianos, **pedir a Dios**. Pero debes hacerlo pensando en el siguiente orden: Primero, pedir su bendición por el **avance del evangelio** en el mundo, segundo, por las **necesidades** de otros, y finalmente, por **tus propias necesidades**. Este orden es el que Jesucristo nos enseña en la Oración Modelo de Mateo 6:9-13. Cuando pides por otros y por la obra de Dios, realizas lo que se llama el "**ministerio de la intercesión**", que es lo que Cristo hace ahora. Por lo tanto, cuando lo practicas te estás pareciendo más a él. Algunos consejos que te ayudarán en este ministerio son: 1. Haz un plan que te ayude a orar por todas las personas con las que tienes relación, así como por la obra de Dios en las diferentes regiones de tu país. 2. Elabora una lista de peticiones para cada día. 3. Infórmate de las necesidades de las personas por las que orarás y pide específicamente. 4. Cuando te des cuenta de que una petición ha sido contestada, anótalo y da gracias a Dios. Eso te hará experimentar mucho gozo, lo cual es una promesa de Jesucristo en Juan 16:24.

VERSICULO PARA MEMORIZAR: Juan 16:24

? ? ? ? ? ? ? ? ? ? ? ? **AHORA A RECORDAR** ? ? ? ? ? ? ?

1. ¿ Cuál es la única manera que el cristiano tiene para comunicarse con Dios? _____ _____.

2. Un cristiano no puede _____ sin _____.

3. ¿Cuántas ocasiones de Jesús en oración se mencionan en los Evangelios? Marca la correcta: 12 ___ 20 ___ 22 ___

4. Viendo el ejemplo de Cristo en la oración, se puede decir que mucho menos nosotros podemos _____ sin _____.

5. Los 3 elementos que deben formar parte de tu vida de oración son: 1) _____ _____ 2) _____ _____ 3) ____ _____

6. Según Juan 4:23, ¿qué tipo de personas busca Dios para que le adoren? El busca personas que le adoren en _____ __ ____ _____.

7. A Dios le agrada que le adores, porque con ello lo _____, y además aumentas tu _____ ____.

8. De acuerdo con 1 Tesalonicenses 5:18 y Efesios 5:20, dar gracias a Dios es un _____.

9. Hay que dar gracias a Dios "_____ y por _____".

10. En tu tiempo de oración debes tener un momento para _____ ____ _____ y luego confesar tus pecados.

11. Lo que quizás más nos gusta a los cristianos de la oración es que con ella podemos _____ ____ _____.

12. En la oración modelo de Mateo 6:9-13, Cristo enseña un orden para la petición:
    1) Pedir su bendición por el _____ ____ _____.
    2) Pedir por las _____ de otros.
    3) Pedir por ____ _____ _____.

13. Cuando pides por otros y por la obra de Dios, realizas lo que se llama el "_____ ____ ____ _____".

CRECE EN FAMILIA

La familia es el lugar que Dios escogió para que cuando un ser humano nace, pueda recibir amor, protección, alimento e instrucción. En la vida cristiana también se necesita una familia que cumpla, haciendo la comparación, las mismas funciones. Se llama, de acuerdo con Efesios 2:19, **la familia de Dios**.

Para los cristianos, Dios es nuestro Padre (2 Corintios 6:18); Cristo es nuestro hermano mayor (Romanos 8:29); y todo verdadero creyente es nuestro hermano (Mateo 23:8). En el sentido amplio, la familia de Dios abarca **a todos los cristianos del mundo**. Esto quiere decir que a cualquier lugar que tú vayas, y cuando te encuentres con otro cristiano, descubrirás el lazo que los une, que es al amor fraternal de los cristianos.

Pero la familia de Dios también tiene una manifestación local, y ésta es realmente la que cumple directamente las funciones de dar

amor, protección, alimento e instrucción a cada creyente. Esa manifestación local la conocemos como: **la iglesia**. La palabra *iglesia* se menciona más de cien veces en el Nuevo Testamento, y la mayoría de veces se refiere a una **asamblea** o **congregación** local de **creyentes** bautizados. Un texto bíblico que puedes memorizar y que te habla de la importancia de congregarte en esa familia está en **Hebreos 10:24, 25**. Dice: "Y considerémonos unos a otros para estimularnos al amor y a las buenas obras; no dejando de reunirnos, como algunos tienen por costumbre, sino exhortándonos; y tanto más, cuanto veis que aquel día se acerca."

Cuando te congregas en tu iglesia local, recibes **bendiciones** y, a la vez, eres **portador** de bendiciones para otros. Cristo es quien te da esas bendiciones (Mateo 18:20) y por medio de la música, los mensajes, la oración, tú y los otros, se "estimulan al amor y a las buenas obras". Efesios 2:10 enseña que fuimos "...creados en **Cristo Jesús** para buenas **obras**, las cuales Dios preparó de antemano para que anduviésemos en ellas". Este versículo concuerda con la doctrina de los dones espirituales, que estudiaremos en otra lección.

Pero, desde ahora, debes saber que junto con la salvación, Dios te dio **un don espiritual**. Ese don es el que te capacita **para algún servicio**; es decir, para un ministerio por medio del cual tú serás bendición a otros. De acuerdo con 1 Pedro 4:10, el don es **para administrarlo**: "Cada uno según el don que ha recibido, minístrelo a los otros, como buenos administradores de la multiforme gracia de Dios." La iglesia local juega un papel muy importante en esto, porque allí es donde los otros te ayudarán a **descubrir** cuál es tu don, a **inspirarte** a dedicar tu don para **servir**; y te darán **oportunidades** para **desarrollar** tu don en el trabajo de la **iglesia**.

¿Quieres seguir creciendo en la vida espiritual? Entonces, crece en la familia de Dios. Aliméntate, recibe protección, sé estimulado y aprovecha las oportunidades para practicar tu don. Recuerda el dicho: "una brasa retirada del fogón no tarda en apagarse". Que no seas como ese tipo de brasa, sino como la que se une a las otras brasas para hacer que el fuego del evangelio crezca para bendición. Un creyente lejos de la compañía de sus hermanos, **se resfría en su vida espiritual y se debilita en su capacidad para resistir la tentación.**

VERSICULOS PARA MEMORIZAR: Hebreos 10:24, 25

AHORA A RECORDAR

1. En la vida cristiana, el lugar donde el creyente recibe amor, protección, alimento e instrucción se llama, de acuerdo con Efesios 2:19, ____ _____ ____ _____.

2. En sentido amplio, ¿a quiénes abarca la familia cristiana? ____ _____ ____ _____ ____ _____.

3. A la manifestación local de la familia de Dios la conocemos como ____ _____.

4. En el Nuevo Testamento la palabra iglesia se refiere a una _____ o _____ local de _____ bautizados.

5. El pasaje de la Biblia que te habla de la importancia de congregarte en una iglesia local es _____.

35

6. Cuando te congregas en la iglesia local, recibes _____ y también eres _____ de bendiciones.

7. Efesios 2:10 te enseña que fuiste creado en _____ _____ para buenas _____.

8. ¿Qué es lo que Dios te dio junto con la salvación? ____ _____ _____.

9. ¿Para qué te capacita el don que Dios te dio? _____ _____ _____.

10. De acuerdo con 1 de Pedro 4:10, ¿para qué es el don? _____ _____.

11. En cuanto a tu don, la iglesia local te ayudará a _____ cuál es tu don; también a _____ a dedicar tu don para _____; y te dará _____ para _____ tu don en el trabajo de la _____.

12. ¿Qué le sucede a un creyente que está lejos del compañerismo de los hermanos de la iglesia? ___ _____ ___ ___ _____ _____ ___ ____ _____ ____ ____ _____ _____ _____ ____ _____

*Y*a sabes que la nueva familia a la que perteneces es la iglesia, y que participar en ella es muy importante para tu crecimiento espiritual. Lógicamente, si vas a participar de algo, necesitas también conocer la manera como funciona y está organizado. En cuanto a la iglesia tenemos que recurrir **a la Biblia** para saber cómo es su organización.

La iglesia son **los creyentes en Jesucristo**, y ellos participan de su organización. Por ello Pablo, refiriéndose a la participación de los miembros de la iglesia, recomendó: "Hágase todo **decentemente y en orden**" (1 Corintios 14:40), un principio aplicable a todas las iglesias cristianas en la actualidad. En relación con su organización, Dios en su Palabra dice que: "constituyó a unos **apóstoles**; a otros **profetas**; a otros **evangelistas**; a otros **pastores y maestros**, a fin de perfeccionar a los santos para la obra del ministerio, para la edificación del cuerpo de Cristo" (Efesios 4:11, 12).

 Una característica principal de nuestras iglesias ha sido **la práctica de la democracia** en su organización y decisiones. Por ello, para decidir sobre los asuntos de interés general, o problemas que pueden afectarla que no están definidos o decididos por la Biblia, se reúnen los miembros en sesión administrativa o de negocios y se decide por mayoría de votos. Este tipo de gobierno u organización se conoce como **gobierno congregacional**. Como miembro de la iglesia, tú puedes participar en las decisiones que en ella se tomen. Puedes ver ejemplos de esto en Hechos 6:1-6; 2 Corintios 8:19 y Hechos 14:23.

La iglesia tiene oficiales que han sido nombrados **por la asamblea en su reunión administrativa**. De acuerdo con Filipenses 1:1 éstos son: **el pastor** y **los diáconos**.

Cada iglesia local escoge o llama a su pastor tomando en cuenta sus expectativas. Para ello establece requisitos propios, pero especialmente los que se encuentran en la Biblia en 1 Timoteo **3:1-7** y Tito **1:5-9**.

En el Nuevo Testamento se mencionan otros nombres que designan el mismo trabajo del pastor. Uno es **Anciano** (griego, presbítero) que aparece en Hechos 20:17; Tito 1:5b y 1 Pedro 5:1, 2. Otro es **Obispo**, en Hechos 20:28; Tito 1:7. El pastor es un miembro más de la iglesia, pero, por los títulos y responsabilidades que recibe, se merece todo el respeto, admiración y consideración de parte de todos. Dios lo ha llamado y ungido, por lo que debemos considerarlo como **autoridad espiritual**. Con todo, debemos reconocer que como humano puede equivocarse, pero eso no debe ser motivo para minimizar su labor y su persona.

 En cuanto a los *diáconos*, su nombre se deriva de la palabra griega que significa **"servidor"**. Son personas que se han ganado la confianza y el prestigio gracias a su conducta y espíritu de servicio. Su nombramiento debe basarse en los requisitos que aparecen en Hechos 6:1-6 y 1 Timoteo 3:8-13. Son el "brazo derecho" del pastor y también se merecen todo el respeto y apoyo.

En su organización, la iglesia debe centrarse en cinco funciones o tareas básicas, con el propósito de llegar a todo el mundo con el evangelio. Estas son:

1. **Adoración**: Para exaltar el nombre de Dios. Glorificarle en actitud espiritual y sincera.

2. **Proclamación**: Para dar a conocer al mundo el evangelio, la salvación. Así crece el reino de Dios en la tierra.

3. **Compañerismo**: Para dar y recibir bendición de los hermanos. Edificarse mutuamente para el crecimiento en la vida espiritual.

4. **Enseñanza**: Para cumplir el mandamiento de Cristo de enseñar todo lo que él dice en su Palabra. Así tu iglesia te ayuda a crecer en el conocimiento del Señor.

5. **Servicio social**: Para ser la sal y la luz del mundo, como quiere Cristo. Así se muestra la presencia de él en medio de los pobres, los tristes y desamparados.

Puedes darte cuenta, por esas funciones, que hay muchas oportunidades para servir en tu iglesia. Tienes que estar dispuesto y ofrecerte enteramente con el don que Dios te dio, así estarás ayudando a que tu iglesia cumpla su función y su misión.

VERSICULOS PARA MEMORIZAR: Efesios 4:11, 12

1. Para conocer de la organización de la iglesia, ¿a dónde puedes recurrir? ___ ____ _____.

2. ¿Quiénes forman la iglesia? _____ _____ _____ _____.

3. ¿De qué manera recordó Pablo a la iglesia de Corinto que hicieran todo? _____ ___ ____ _____ .

4. Para edificar a la iglesia (el Cuerpo de Cristo) Dios constituyó: 1)_____, 2)_____ 3)_____, 4)_____ .

5. ¿Cuál es una característica principal de nuestras iglesias en su organización y decisiones? _____ _____ _____ _____ _____ .

6. El tipo de gobierno de una iglesia en donde todos deciden sobre los asuntos que no están definidos por la Biblia se llama _____ _____ .

7. ¿Por quiénes son nombrados los oficiales de la iglesia? _____ ____ _____ ____ ____ _____ _____ .

8. Los oficiales de la iglesia, de acuerdo con Filipenses 1:1, son: 1)____ _____ y 2)____ _____ .

9. Los requisitos para un pastor se encuentran en 1 Timoteo _____; y Tito _____ .

10. Otros nombres que aparecen en el Nuevo Testamento y designan el trabajo del pastor son: 1)_____ 2)_____ .

11. Dios llama y unge al pastor, por ello debemos considerarlo como _____ _____ .

12. ¿Qué significa la palabra griega que se traduce "diácono"? _____ .

13. Menciona las cinco funciones o tareas básicas en las que se debe centrar una iglesia: 1)_____ 2)_____ 3)_____ 4)_____ 5)_____ _____ .

ORDENANZAS DE TU FAMILIA

*H*ay dos prácticas importantes de la iglesia que tienen un significado especial. Se conocen como **"las ordenanzas"**, porque en la Biblia aparecen como mandatos directos de Jesucristo. Son: **El bautismo** y **La cena del Señor**. Aprender su significado es parte básica en tu crecimiento en la vida espiritual.

La primera pregunta que surge en cuanto al bautismo es ¿quién puede ser bautizado? La Biblia en el Nuevo Testamento enseña que el bautismo es únicamente **para los que ya creen en Jesucristo como Salvador y Señor**. El creyente no se bautiza para recibir **salvación,** sino porque ya es **salvo**. No hay ningún poder salvador en el bautismo, Jesucristo solo basta para la salvación. ¿Cuándo debe ser bautizado el creyente? El mandato de Cristo en Mateo 28:19, nos da a entender que **inmediatamente después de que la persona ha creído**. Primero se es discípulo —seguidor de él— y luego se bautiza. Pero se bautiza porque ha **oído**, **entendido** y **aceptado**, como lo podemos ver en Hechos 2:41. Esto va contra la práctica de bautizar bebés y niños pequeños.

 ¿Cómo se debe practicar el bautismo? ¿De qué manera? La respuesta a estas preguntas se encuentra muy claramente en la Biblia: debe ser **por total inmersión**. Los pasajes más claros al respecto son Romanos 6:3-5 y Colosenses 3:12. Unicamente la inmersión ilustra perfectamente lo que sucede en la vida de la persona cuando se ha entregado a Jesucristo, porque el bautismo simboliza **una sepultura y una resurrección**. Muerte a la antigua vida y resurrección a la nueva, como lo que ha sucedido contigo. Además, la palabra original del idioma griego *baptizo* significa **sumergirse, zambullirse, inundarse**.

¿Para qué se bautiza un creyente? Hay dos razones: **1. Para obedecer a Jesucristo. Su mandato es claro, y clara debe ser también la obediencia. 2. Para dar testimonio simbólico de la realidad de su salvación. Testifica que la base de su salvación es la muerte y resurrección de Cristo** (Romanos 4:25; 1 Corintios 15:3, 4).

La cena del Señor es la segunda ordenanza. Cristo la instituyó la noche que fue entregado (1 Corintios 11:23). Puedes leer la historia en Mateo 26:17-29; Marcos 14:12-25; Lucas 22:7-23; Juan 13:21-30; 1 Corintios 11:23-26.

 Para los judíos el pan y el cordero de la Pascua representaban simbólicamente el sufrimiento de sus padres y el milagro del éxodo. Cristo dejó a sus seguidores, en esa Pascua, otro significado para ese símbolo: **el pan representaría su cuerpo que iba a entregar para morir, y el vino, su sangre que derramaría para limpiar los pecados de la humanidad**. Debe entenderse que es un acto simbólico y no literal; el pan no es su verdadero cuerpo, ni el vino su verdadera sangre. En otras oportunidades él ya había hablado de esa manera, como en Juan 6:35, "Yo soy el pan de vida", o "Yo soy la vid verdadera", en Juan 15:1.

La iglesia celebra la Cena como un acto simbólico para recordar, como Cristo mismo lo dijo, **lo que hizo por nosotros en la cruz y su promesa de volver**. De allí que solo participen en este acto los que han creído en Cristo y le han obedecido en el bautismo.

Participar de la Cena, en tu iglesia, debe convertirse en parte de tu vida, porque es un momento especial de compañerismo con el Señor y con tus hermanos. También es un momento para revisar tu vida de relación con él, de recordar y darle gracias por lo que hizo por ti al morir en la cruz. En algunas iglesias la llaman "comunión", porque es una verdadera "común unión" en la que todos reconocen y agradecen la obra de Cristo. Pero también es un acto de proclamación, en el que se anuncian dos verdades: que nuestra salvación se basa en lo que Cristo hizo por nosotros en la cruz, y que nuestra esperanza en el futuro se basa en la promesa de Cristo de volver.

VERSICULOS PARA MEMORIZAR: Mateo 28:19, 20; 1 Corintios 11:26

? ? ? ? AHORA A RECORDAR ? ? ? ?

1. A las dos prácticas importantes de la iglesia, que son mandatos directos de Cristo, se les conoce como _____ _____.

2. Escribe el nombre de cada una de esas prácticas: 1)____ _____ y 2)____ _____ ____ _____.

3. De acuerdo con la Biblia en el Nuevo Testamento, ¿para quiénes únicamente es el bautismo?_____ _____ _____ ____ _____ ____ _____ _____ _____ __ _____.

4. El creyente no se bautiza para recibir _____ sino porque ya es _____.

43

5. Según Mateo 28:19, ¿cuándo se debe bautizar el creyente?
_____ _____ ____ ____ ____ _____ ____
_____.

6. Uno que se bautiza lo hace porque ha _____, _____ y
_____ el evangelio.

7. ¿De qué manera se debe practicar el bautismo, de acuerdo con
Romanos 6:3, 5 y Colosenses 3:12? _____ _____
_____.

8. ¿Qué simboliza el bautismo? _____ _____ ___ _____
_____.

9. ¿Qué significa la palabra griega *baptizo?* _____,
_____, _____.

10. Explica en tus palabras las dos razones por las que se bautiza un
creyente:_____
_____
_____

11. ¿Qué simbolizan el pan y el vino en la cena del Señor?
1) El pan:_____
2) El vino:_____

12. ¿Qué le recuerda a la iglesia el acto simbólico de la cena del
Señor? ____ _____ _____ _____ _____ ____
___ _____ ___ _____ _____ ____ _____

13. Escribe en tus propias palabras, por qué es importante que par-
ticipes en la iglesia en la cena del Señor

_____
_____
_____
_____

TU VIDA HABLA A LOS DEMÁS

*C*uando una persona se entrega a Jesucristo, a medida que pasan los días, se va dando cuenta de que los demás comentan, para bien o para mal, su nueva condición. Probablemente ya has descubierto que la gente te está observando. Muchos quieren darse cuenta si de verdad hay algo diferente. Frente a ellos, así lo desees o no, ya eres un testigo, porque para el cristiano ser testigo no es opcional. Lo importante es llegar a **ser un testigo fiel de lo que Jesucristo hizo en tu vida**.

La Biblia establece normas para quien es verdaderamente cristiano. Se encuentran en 1 Corintios 10:31, 32: "Si, pues, coméis o bebéis, o hacéis otra cosa, hacedlo todo para la gloria de Dios. No seáis tropiezo ni a judíos, ni a gentiles, ni a la iglesia de Dios." Esto se puede ver negativa o positivamente. En lo negativo quiere decir que debes **abstenerte de hacer todo lo que no permita a una persona creer en el evangelio**. Y en lo positivo, que debes procurar que **todo lo que hagas glorifique a Dios**; es decir, que manifiestes al mundo, con tu vida, las excelencias de Dios.

45

 En la Biblia encuentras ejemplos de testimonios vividos tanto negativa como positivamente. El caso del rey David ilustra lo negativo: **se olvidó de cumplir su obligación de salir con los ejércitos del Señor, por lo cual se expuso a la tentación, y cayó en el doble pecado de adulterio y homicidio**. El se arrepintió, y Dios por su misericordia lo perdonó. Pero hubo consecuencias negativas de su acción, le sobrevino una secuela de calamidades. Comenzó con la advertencia del profeta Natán en 2 Samuel 12:13, 14 "Jehová ha remitido tu pecado; no morirás. Mas por cuanto por este asunto hiciste blasfemar a los enemigos de Jehová, el hijo que te ha nacido ciertamente morirá."

En cuanto a lo positivo, 1 de Pedro 3:1, 2, resalta cómo una esposa puede, con su testimonio cada día, lograr que su esposo no creyente, conozca de Jesucristo y se entregue a él. Esto significa que tu conducta diaria puede ser un **factor decisivo** para que otros conozcan a **Jesucristo**. Esto no quiere decir que una persona puede llegar a la salvación sin que nadie le hable de Jesucristo; sino más bien, que habrá algunas personas que no querrán escuchar del evangelio hasta cuando no vean en la vida de un cristiano el cambio que Jesucristo ha realizado en él. Tu testimonio vivido **abre el camino para tu testimonio hablado**.

Para esto, es necesario **que Jesucristo viva la vida por ti**. Y él puede vivirla por ti a través del Espíritu Santo, porque tienes a su Espíritu desde el día que decidiste recibirle como Salvador. Romanos 8:9; Gálatas 4:6; 1 Corintios 6:19 y Efesios 1:13, 14, te enseñan esa importante verdad.

 Hay un propósito primordial por el que el Espíritu de Dios vive en ti, y es **para glorificar a Cristo** (Juan 16:14). El Espíritu Santo reproduce en ti el carácter de Cristo y te libra del dominio del pecado. El carácter de Jesucristo está descrito en Gálatas 5:22, 23: "el fruto del Espíritu es **amor, gozo, paz, paciencia, benignidad, bondad, fe, mansedumbre, templanza**". Ese fruto se reproduce en la vida del cristiano **cuando permite que el Espíritu de Dios lo llene, es decir, que controle su vida**. Para testificar positivamente del evan-

gelio por medio de tu vida, necesitas ser lleno del Espíritu (Efesios 5:18). Pero eso no sucede automáticamente, necesitas hacer por lo menos cuatro cosas: **Desear ser semejante a Cristo en carácter y conducta, confesar a Dios y abandonar cualquier pecado que interrumpa tu íntima comunión con él, someterte por completo a la voluntad de Dios y, por último, rechazar toda confianza en ti mismo para depender sólo del poder y dirección de Dios.** Esas son cuatro condiciones para que te llene el Espíritu Santo.

Si quieres ser instrumento de Jesucristo para que otros le conozcan, **deja que él viva en ti por medio de su Espíritu. Permite que te llene cada día, que reproduzca el carácter de Jesucristo**, para preparar el camino de un testimonio hablado que llevará mucho fruto.

VERSICULOS PARA MEMORIZAR: 1 Corintios 10:31, 32

AHORA A RECORDAR

1. En cuanto a ser testigo, ¿qué es lo más importante para un cristiano? _____ ___ _____ _____ ___ ___ ____ _____ _____ ___ ___ _____.

2. Desde un enfoque negativo, las palabras de 1 Corintios 10:31, 32 quieren decir que debes _____ ____ _____ _____ ____ _____ ____ _____ __ _____ _____ _____ ____ _____.

3. El enfoque positivo de 1 Corintios 10:31, 32 quiere decir que

_____ ___ ____ _____ _____ ___ _____.

4. Explica en tus propias palabras por qué el caso de David es un testimonio vivido negativamente _____
_____.

5. Según 1 de Pedro 3:1, 2, podemos decir que la conducta diaria puede ser un _____ _____ para que otros conozcan a _____.

6. ¿Qué es lo que hace tu testimonio vivido? _____ _____ _____
_____ ____ _____ _____

7. ¿Qué es necesario para que tu testimonio vivido abra el camino a tu testimonio hablado? _____ _____ _____ _____ _____
_____ ____

8. De acuerdo con Juan 16:14, ¿cuál es el propósito primordial por el que el Espíritu de Dios vive en ti? _____ _____ ____
_____.

9. Escribe el fruto del Espíritu de Dios que aparece en Gálatas 5:22, 23: _____, _____, _____, _____, _____,
_____, _____, _____, _____.

10. ¿Cuándo o en qué momento se reproduce en la vida del cristiano el fruto del Espíritu Santo? _____ _____ _____ ____
_____ _____ _____ ____ _____, _____ _____, _____
_____ ____ _____.

11. Hay cuatro condiciones para que seas lleno del Espíritu Santo, recuérdalas en tus propias palabras: _____
_____
_____.

12. ¿Qué debes hacer para ser efectivo en el testimonio cristiano?
_____ _____ _____ _____ _____ _____ _____ _____ _____
_____. _____ _____ _____ _____ _____ _____, _____
_____ _____ _____ _____ _____.

¡CUÉNTALES LAS GRANDES COSAS!

*E*n la lección anterior te diste cuenta de que cuando Jesucristo, a través de su Espíritu, manifiesta su carácter en tu vida, las personas que no le conocen querrán recibir también lo que tú recibiste. Eso las prepara para que les cuentes de las grandes cosas que él ha hecho en tu vida. Así te conviertes en uno que testifica con la vida, pero también con la palabra.

En la Biblia se resalta el testimonio dado por medio de la palabra. Por ejemplo, en Marcos **5:19** Jesús le dice al hombre del cual había echado fuera los demonios: "Vete a tu casa, a los tuyos, y cuéntales cuán grandes cosas el Señor ha hecho contigo, y cómo ha tenido misericordia de ti." El apóstol Pablo también recibe de parte de Jesús el mismo mandato: "No temas, sino habla, y no calles" (Hechos **18:9**). Otro de los pasajes bastante significativos al respecto lo encuentras en Hechos **11:14**, cuando Cornelio, un capitán romano, manda a llamar a Pedro, porque un ángel le ha pedido que lo haga. ¿Por qué razón tenía que llegar Pedro, si él ya estaba buscando de Dios? El ángel le dijo: "él te hablará palabras por las cuales serás salvo tú, y toda tu casa". Esa respuesta es muy importante porque nos dice que **el evangelio tiene que ser comunicado por medio de palabras humanas**. Un ángel no puede explicar a un hombre la manera de salvarse, tiene que ser otro hombre que ya lo haya experimentado quien lo haga. Además, es un mandato, una obligación del creyente hacerlo.

 En esto de dar testimonio con la palabra, el enemigo —el diablo— es experto en poner todos los obstáculos posibles para que no lo hagas. Sus principales armas son **la vergüenza y el temor**. Pero tú ya sabes que él está vencido y tu arma invencible es **el poder del Espíritu de Dios**, cuando dejas que él llene tu vida. Aprende de memoria 2 Timoteo 1:7 que dice: "**Porque no nos ha dado Dios espíritu de cobardía, sino de poder, de amor y de dominio propio. Por tanto no te avergüences de dar testimonio de nuestro Señor.**" Estas palabras te ayudarán cuando sientas que el diablo te quiere callar.

En los primeros días de la iglesia, los apóstoles se enfrentaron a esos momentos en que el enemigo trataba de frenar sus palabras. En Hechos 4:29-31 leemos que, en oración junto con toda la iglesia, pidieron lo siguiente: "Señor, mira sus amenazas, y concede a tus siervos que con todo denuedo hablen tu palabra." Dice el pasaje que luego de orar, el lugar donde estaban tembló y que "todos fueron llenos del Espíritu Santo, y hablaban con denuedo la palabra de Dios". **Dios** es el que te puede dar valor cuando estás dispuesto a hablar por él.

 "Hasta allí todo muy bien", dirás, pero ¿qué vas a decir? Una manera es invitar a las personas a escuchar a alguien que les va a explicar el evangelio, y la otra es que tú mismo les cuentes a tus amigos lo que Cristo hizo en tu vida. En esa acción de contar, también necesitas aprender a hacer una presentación bíblica del evangelio, por medio de cinco verdades que aparecen en textos clave de la Biblia:

1. La verdad del amor: Dios nos ama y quiere que tengamos una vida eterna y abundante. Juan 3:16 y Juan 10:10.

2. La verdad del pecado: Todos hemos pecado y el pecado nos separa de Dios, no nos permite experimentar esa vida eterna y abundante. Romanos 3:23 y 6:23.

3. La verdad del substituto: Jesucristo murió en la cruz en lugar de nosotros. Pagó el precio de nuestra salvación, para hacer posible nuestro regreso a Dios. Romanos 5:8 y Juan 14:6.

4. La verdad del arrepentimiento: Para volver a Dios tenemos que arrepentirnos de nuestros pecados. Hechos 3:19.

5. La verdad de la fe: La vida eterna y abundante es un regalo de Dios, que podemos tener si por la fe recibimos como Salvador y Señor a Jesucristo. Romanos 6:23, Juan 1:12 y Apocalipsis 3:20.

Compartir estas cinco verdades es una manera de dar testimonio personal, y te pueden ser muy útiles en ese propósito. Apréndelas y marca en tu Biblia los versículos clave.

VERSICULOS PARA MEMORIZAR: 2 Timoteo 1:7, 8a

1. Tres pasajes de la Biblia que resaltan la importancia del testimonio dado por medio de la palabra son: Marcos _____ Hechos _____ Hechos _____.

2. Las palabras del ángel a Cornelio en Hechos 11:14 son importantes porque nos dicen que ___ _____ _____ ___ ___ _____ ___ _____ ___ _____ _____.

3. ¿Cuáles son las armas que utiliza Satanás para que el cristiano no testifique en forma hablada? ___ _____ ___ ____ _____.

4. Tú tienes un arma invencible contra las armas de Satanás, ¿cuál es? ____ _____ ____ _____ ____ _____.

5. Trata de escribir de memoria las palabras de 2 Timoteo 1:7:

_____

_____

_____

_____

6. Según Hechos 4:29-31, ¿quién te puede dar valor cuando estás dispuesto a dar testimonio hablado? _____.

7. En tus propias palabras explica el significado de las 5 verdades por medio de las cuales puedes presentar el evangelio a otras personas:

1) La verdad del amor: _____

_____

_____

2) La verdad del pecado: _____

_____

_____

3) La verdad del substituto: _____

_____

_____

4) La verdad del arrepentimiento: _____

_____

_____

5) La verdad de la fe: _____

_____

_____

EQUIPADO PARA SERVIR

ntes de morir en la cruz, Jesús prometió a sus seguidores que al ir nuevamente con su Padre (Dios) enviaría al Espíritu Santo quien iba a vivir en ellos. Cuatro cosas importantes haría el Espíritu Santo en el creyente: le iba a **consolar, enseñar, guiar y equipar**, para poder realizar el trabajo encomendado en Mateo 28:19, 20. Los primeros creyentes tenían que esperar la llegada del Espíritu Santo, no podían empezar la obra de la iglesia sin su presencia y su poder (Lucas 24:45-49).

En **el día de Pentecostés** se cumplió la promesa de la llegada del Espíritu Santo. Cayó sobre ellos con gran poder, todos testificaban en diferentes idiomas y Pedro tuvo que predicar para aclarar el significado de esa experiencia (Hechos capítulo 2).

Después de ese momento, todos los nuevos creyentes hasta nuestros días y el futuro, no necesitamos esperar otra llegada del Espíritu Santo para recibir ese poder, **la Biblia nos dice que el Espíritu Santo ya vive en cada creyente desde el momento de su nuevo nacimiento**. Lee Efesios 1:13, 14, nota que al oír las buenas nuevas y creer en Jesucristo como Salvador personal, el Espíritu de Dios llega a la vida del creyente y sella su experiencia para siempre. Tú ya has tenido esa experiencia, por lo tanto el Espíritu de Dios vive en ti, te ha sellado, su presencia te da seguridad de que eres hijo de Dios. Pero no solo te da esa seguridad, sino que te **habilita**, te **capacita** para vivir la vida cristiana y servirle. Ahora tu cuerpo es el templo del Espíritu Santo (Hechos 6:19), su poder es tuyo porque mora en ti (Hechos 1:8).

En el Nuevo Testamento, la obra del Espíritu Santo en el creyente se enfoca en dos palabras, *fruto* y *dones*. El fruto del Espíritu te ayuda a **ser quien Dios quiere que seas**, y el don (o los dones) te **capacita para servirlo**.

El fruto del Espíritu debe manifestarse igual en cada cristiano, pero el don espiritual puede variar porque es muy particular, lo capacita para poder realizar un ministerio espiritual.

¿Cómo se puede definir tu don espiritual? **Como la habilidad o capacidad dada por el Espíritu Santo, para que desempeñes un servicio particular que Dios te pide.**

Ahora haz el siguiente ejercicio: en un papel apunta todos los distintos dones que encuentres en 1 Corintios 12:4-11 y Romanos 12:6-8. ¿Cuántos encontraste? Esa lista te puede ayudar a descubrir cuál es tu don.

La iglesia de Cristo es como un cuerpo en el que cada miembro tiene o realiza su propia función. Todo el ministerio de la iglesia depende del ministerio de cada miembro, y todos son de mucha importancia. No hay un miembro **superior** o **inferior** a otro. Tú, como todo cristiano, debes **descubrir** tu don, **dedicarlo** al Señor y **desarrollarlo** al máximo en el trabajo de la iglesia. ¿Pero cómo descubrirlo? Primero debes buscar en la lista de dones (la que ya hiciste); segundo, orar para pedir a Dios que te guíe a encontrarlo; tercero, pedir que los hermanos mayores de la iglesia te compartan la manera como ellos lo descubrieron; y cuarto, pedir oportunidades para practicar ese don en la iglesia.

Debes desarrollar tu don en la obra de la iglesia. "No descuides el don que hay en ti", te dice Pablo en 1 Timoteo 4:14. Poner en práctica el don o los dones que tienes traerá por lo menos cuatro resultados positivos: **experimentarás un gran gozo, otros recibirán un beneficio espiritual, la iglesia te va a afirmar en tu ministerio —y el más importante—, Dios recibirá la gloria**.

VERSICULO PARA MEMORIZAR: 1 Corintios 6:19

1. ¿Cuáles son las cuatro cosas importantes que hace el Espíritu Santo en la vida de un cristiano? 1)_____ 2)_____ 3)_____ 4)_____

2. De acuerdo con el Nuevo Testamento, ¿cuándo se cumplió la llegada del Espíritu Santo? ___ ____ ___ _____

3. Explica por qué los creyentes, después del Pentecostés, ya no tienen que estar esperando otra venida del Espíritu Santo para tener poder: ___ _____ ____ _____ ___ ___ _____ _____

____ _____ ___ _____ _____ _____ ___ _____
____ ___ _____ _____.

4. La presencia del Espíritu Santo en tu vida no sólo te da poder, sino te _____, te _____ para vivir la vida cristiana y servirle.

5. El fruto del Espíritu Santo te ayuda a ____ _____ _____ _____ ____ _____ y el don o dones del Espíritu Santo te _____ _____ _____.

6. ¿Cómo se puede definir tu don espiritual? _____ ____ _____ ___ _____ _____ ____ ___ _____ _____, _____ ____ _____ ____ _____ _____ ____ _____ ___ _____.

7. En la obra de la iglesia todos los ministerios son muy importantes, no hay un miembro _____o _____ a otro.

8. Hay tres cosas que tú, como todo cristiano, debes hacer con relación a los dones: 1._____ 2._____ 3._____.

9. Escribe en tus propias palabras lo que puedes hacer para descubrir tu don espiritual_____
_____
_____
_____

10. Cuatro resultados positivos de poner en práctica el don o los dones que tienes son:
1._____
2._____
3._____
4._____

GRADUADO DE ADMINISTRADOR

L legamos a la lección número 13 y, por estos primeros pasos que has dado, ya comienzas a convertirte en un niño que irá madurando constantemente. Recuerda que estudiaste sobre la seguridad de tu salvación y el hecho de que Cristo vive en ti ahora. Sobre cómo vencer la tentación y cómo volver a la comunión con Dios, cuando lamentablemente caes en pecado. También acerca de las disciplinas que debes practicar para crecer en la vida cristiana, de la necesidad de pertenecer a una iglesia neotestamentaria y de cómo funciona. Asimismo, estudiaste lo que son las ordenanzas que Jesús dejó a la iglesia, y sobre tu don espiritual y el servicio a Dios en la iglesia. Esta última lección llama la atención hacia el principal papel que Dios ha establecido para nosotros, el hecho de ser mayordomos, administradores de Dios.

 Desde el momento en que Dios creó al hombre, estableció ese papel principal de mayordomo. Leemos en **Génesis 2:15** "Tomó, pues, Jehová Dios al hombre, y lo puso en el huerto de Edén, para que lo labrara y lo guardase."

Por este versículo, te puedes dar cuenta de que Dios puso la creación en las manos del hombre, es decir, en tus manos; **para administrarla y trabajarla**. No se la dio como propiedad, sino para que fuera "mayordomo", administrador. Dios sigue siendo el propietario absoluto y final.

Ser mayordomo de Dios significa **que sólo administramos las cosas para Dios**, y debemos hacerlo para el bien de la humanidad.

En la actualidad el hombre, en general, ha perdido o no quiere aceptar el papel de mayordomo de Dios; usa lo que no le pertenece para su exclusivo beneficio personal, en forma egoísta y explotadora. Por eso se necesitan personas como tú, que han llegado a ser hijos de Dios, que cumplan a cabalidad su papel de mayordomos. De acuerdo con la Biblia, ¿cuál es tu responsabilidad como mayordomo? Pablo en 1 de Corintios 4:2 la define: "Ahora bien, se requiere de los administradores, que **cada uno sea hallado fiel**."

Ser hallado fiel como mayordomo, significa **que todo lo que eres y todo lo que tienes le pertenece a Dios**. Que no se puede dividir la vida en "secciones sagradas" y "secciones seculares". Tanto el tiempo que dedicas para servir a Dios como el otro tiempo que te queda, debe administrarse bajo su dirección. Si contribuyes con parte de tu dinero a la obra de Dios, no quiere decir que el otro dinero que te queda lo debes gastar sin tener en cuenta su voluntad.

Dedicar un día de cada siete, y diez centavos de cada cien (Exodo 20:8-11; Malaquías 3:10) para Dios, es la principal manera de recordarte a ti mismo de que tu vida entera le pertenece. Con esa actitud das un testimonio doble: testimonio de **gratitud** por bendiciones pasadas: "Pues todo es tuyo, y de lo recibido de tu mano te damos" (1 Crónicas 29:14b); y testimonio de tu **fe** en los futuros cuidados del Señor, basándote en las palabras de Cristo: "Mas buscad primeramente el reino de Dios y su justicia, y todas estas cosas os serán añadidas" (Mateo 6:33). Tú puedes adorar a Dios mediante los bienes que te ha dado, y eso no depende de cuántas riquezas tengas o no, o si ganas mucho o poco, tu responsabilidad en cuanto a ser mayordomo es la misma. Sobre lo que él te ha dado eres responsable. Además, tu motivo para dar no debe ser el temor, sino el amor a él. Diezmar es un canal para **la bendición de Dios**, Jesucristo mismo afirmó que es más feliz el que da que el que recibe (Hechos 20:35). Cuando das para su obra participas del ministerio en todo sentido y en todo lugar.

 Cuando meditas sobre ser mayordomo de Dios, pronto te das cuenta de que tu responsabilidad abarca mucho más que tu dinero, abarca todo: tu **personalidad**, tus **talentos** y **dones**, tus **bienes**, tu **tiempo**, tu **familia**, etc. Eso se llama *mayordomía total*. Dios ha entregado muchas riquezas en tus manos y él quiere que seas un buen administrador de todas.

El graduarte de administrador depende **de tu fidelidad al Señor**. Sigue en tu nueva vida creciendo en todo, para que un día puedas oír a tu Salvador decir: "Bien, buen siervo y fiel; sobre poco has sido fiel, sobre mucho te pondré; entra en el gozo de tu Señor" (Mateo 25:23).

VERSICULO PARA MEMORIZAR: 1 Corintios 4:2

1. ¿Cuál es el pasaje de la Biblia en donde vemos que el papel de mayordomo es el principal papel de Dios para el hombre? _____.

2. ¿Para qué puso Dios en tus manos a la creación? _____
_____ __ _____.

3. ¿Qué significa ser mayordomo de Dios? ____ _____
_____ ____ _____ _____ _____.

4. De acuerdo con la Biblia, ¿cuál es tu responsabilidad como mayordomo? _____ _____ _____ _____ _____.

5. ¿Qué significa ser hallado fiel como mayordomo? _____
_____ ___ _____ ___ _____ ____ _____ _____
____ _____ ___ _____.

6. ¿Cuál es la principal manera de recordarte a ti mismo que tu vida entera le pertenece a Dios? _____ ____ _____ ____
_____ _____, ___ _____ _____ ____ _____ _____.

7. El testimonio doble que das al reconocer que todo le pertenece a Dios es: 1)_____ 2)_____.

8. Diezmar es un canal para ____ _____ ____ _____

9. Ser mayordomo de Dios abarca todo, pero menciona por lo menos 6 cosas de ese todo: _____, _____,
_____, _____, _____, _____.

10. ¿De qué depende que te gradúes como administrador de Dios?
____ ____ _____ ____ _____

1 **Juan 5:24**
De cierto, de cierto os digo: El que oye mi palabra, y cree al que me envió, tiene vida eterna; y no vendrá a condenación, mas ha pasado de muerte a vida.

Juan 3:16
Porque de tal manera amó Dios al mundo, que ha dado a su Hijo unigénito, para que todo aquel que en él cree, no se pierda, mas tenga vida eterna.

2 **Gálatas 2:20**

Con Cristo estoy juntamente crucificado, y ya no vivo yo, mas vive
Cristo en mí; y lo que ahora vivo en
la carne, lo vivo en la fe del Hijo de
Dios, el cual me amó y se entregó a
sí mismo por mí.

☐

3 **1 Corintios 10:12-14**

Así que, el que piensa estar firme,
mire que no caiga. No os ha
sobrevenido ninguna tentación que
no sea humana; pero fiel es Dios,
que no os dejará ser tentados más de
lo que podéis resistir, sino que dará
también juntamente con la
tentación la salida, para que podáis
soportar. Por tanto, amados
míos, huid de la idolatría.

☐

4 **1 Juan 1:9**

Si confesamos nuestros pecados, él
es fiel y justo para perdonar nuestros pecados, y limpiarnos de toda
maldad.

☐

5 **Josué 1:8**

Nunca se apartará de tu boca este
libro de la ley, sino que de día y de
noche meditarás en él, para que
guardes y hagas conforme a todo lo
que en él está escrito; porque
entonces harás prosperar tu camino,
y todo te saldrá bien.

☐

6 **Juan 16:24**

Hasta ahora nada habéis pedido en
mi nombre; pedid, y recibiréis, para
que vuestro gozo sea cumplido.

☐

7 **Hebreos 10:24, 25**

Y considerémonos unos a otros para
estimularnos al amor y a las buenas
obras; no dejando de reunirnos,
como algunos tienen por costumbre,
sino exhortándonos; y tanto más,
cuanto veis que aquel día se acerca.

☐

8 **Efesios 4:11, 12**

Y él mismo constituyó a unos, apóstoles; a otros, profetas; a otros, evangelistas; a otros, pastores y maestros, a fin de perfeccionar a los santos para la obra del ministerio, para la edificación del cuerpo de Cristo.

☐

9 **Mateo 28:19, 20**
Por tanto, id, y haced discípulos a todas las naciones, bautizándolos en el nombre del Padre, y del Hijo, y del Espíritu Santo; enseñándoles que guarden todas las cosas que os he mandado; y he aquí yo estoy con vosotros todos los días, hasta el fin del mundo. Amén.

1 Corintios 11:26
Así, pues, todas las veces que comiereis este pan, y bebiereis esta copa, la muerte del Señor anunciáis hasta que él venga.

☐

10 **1 Corintios 10:31, 32**

Si, pues, coméis o bebéis, o hacéis otra cosa, hacedlo todo para la gloria de Dios. No seáis tropiezo ni a judíos, ni a gentiles, ni a la iglesia de Dios.

☐

11 **2 Timoteo 1:7, 8a**

Porque no nos ha dado Dios espíritu de cobardía, sino de poder, de amor y de dominio propio. Por tanto, no te avergüences de dar testimonio de nuestro Señor.

☐

12 **1 Corintios 6:19**

¿O ignoráis que vuestro cuerpo es templo del Espíritu Santo, el cual está en vosotros, el cual tenéis de Dios, y que no sois vuestros?

☐

13 **1 Corintios 4:2**

Ahora bien, se requiere de los administradores, que cada uno sea hallado fiel.

☐

CERTIFICADO

Ha completado satisfactoriamente

LECCIONES PARA NUEVOS CREYENTES

Firma del Instructor

Iglesia

Ciudad

Fecha